Impressum
Verlag: BABADADA GmbH, Nedderfeld 112 , 22529 Hamburg
Geschäftsführer / Verlagsleitung: Harald Hof
Druck: Books on Demand GmbH, In de Tarpen 42, 22848 Norderstedt

Imprint
Publisher: BABADADA GmbH, Nedderfeld 112 , 22529 Hamburg, Germany
Managing Director / Publishing direction: Harald Hof
Print: Books on Demand GmbH, In de Tarpen 42, 22848 Norderstedt, Germany

ښوونځی

xue xiao

jiao shi
تقسیم
chu
186/2
xiao yuan
hei ban
ښوونکی
lao shi
ورق
zhi
لیکل
shu xie
قلم
gang bi
ban gong zhuo
خط کش
zhi chi
کتاب
shu
زده کونکی
xue sheng

کڅوړه

shu bao

د پنسل بکسه

qian bi he

پنسل

qian bi

پنسل تراش

juan bi dao

ربړ

xiang pi ca

د رسامۍ پاڼه

hua ban

رسامي

tu hua

د نقاشی برس

hua bi

د نقاشی بکس

yan liao he

قیچي

jian dao

سریښ

jiao shui

د تمرین کتاب

lian xi ce

کورنی دنده

jia ting zuo ye

12

شمیر

shu zi

2+2

جمع

jia

5-2

منفي

jian

2×2

ضرب

cheng

حساب

ji suan

A

توری

zi mu

ABCDEFG
HIJKLMN
OPQRSTU
VWXYZ

الفبا

zi mu biao

hello

کلمه

zi

متن
....
ke wen

لوستل
....
du

تباشير
....
fen bi

درس
....
shang ke

راجستر
....
deng ji

ازموينه
....
kao shi

تصديق پاڼه
....
zheng shu

د ښوونځي يونيفارم
....
xiao fu

تعليم
....
jiao yu

دايره المعارف
....
bai ke quan shu

پوهنتون
....
da xue

مايکروسکوپ
....
xian wei jing

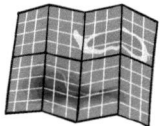

نقشه
....
di tu

اشغالدانی
....
fei zhi kuang

هوتل
jiu dian

ليليه
qing nian lü xing she

Grand

د اسعارو د تبادلي دفتر
wai bi dui huan chu

EXCHANGE

بكس
shou ti xiang

موټر
qi che

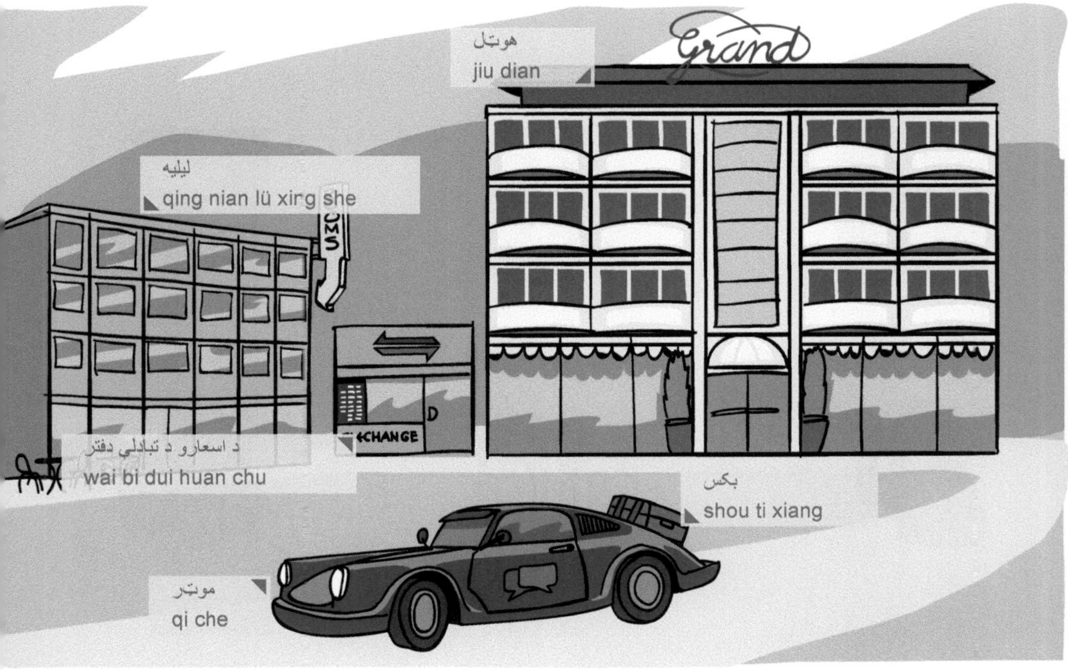

ژبه
yu yan

هو/انه
shi/fou

سمه ده
hao de

سلام
nin hao

ژبارونکی
fan yi yuan

مننه
xie xie

څومره دي...؟

....

……duo shao qian?

زه نه پوهیږم

....

wo bu ming bai

ستونزه

....

wen ti

ماښام مو پخير!

....

wan shang hao!

سهار په خير!

....

zao shang hao!

شپه په خير!

....

wan an!

په مخه مو ښه

....

zai jian

لارښود

....

fang xiang

سامان

....

xing li

بیګ

....

bao

شاتنی بکس

....

shuang jian bao

میلمه

....

ke ren

خونه

....

fang jian

د خوب کڅوړه

....

shui dai

خیمه

....

zhang peng

د توریزم معلومات
....
lü you xin xi

ساحل
....
hai tan

کریډیټ کارت
....
xin yong ka

ناری
....
zao can

د غرمې خواړه
....
wu can

د شپې خواړه
....
wan can

ټیکټ
....
piao

لفټ
....
dian ti

مهر
....
you piao

پوله
....
bian jie

ګمرک
....
hai guan

سفارت
....
da shi guan

ویزه
....
qian zheng

پاسپورټ
....
hu zhao

ټرانسپورټ

jiao tong yun shu

الوتکه
fei ji
chuan
د اور ماشين
xiao fang che
بس
ka che
موټرکښتۍ
qi ting
بايک
zi xing che
qi che

کښتۍ

bai du chuan

کښتۍ

xiao chuan

موټرسايکل

mo tuo che

د پوليسو موټر

jing che

د ريس موټر

sai che

کرايي موټر

zu che

د کرایه موټري

pin che

جرثقیل لرونکی ټرک

tuo che

ریفیوز ټرک

la ji che

موټر

fa dong ji

سونګ توکي

qi you

پټرول سټیشن

jia you zhan

ترافیکي نښه

jiao tong biao zhi

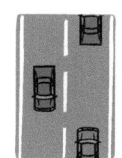

ترافیک

jiao tong

جام ترافیک

jiao tong du sai

د موټرو تمځای

ting che chang

د ریل سټیشن

huo che zhan

پاټکي

gui dao

ریل

huo che

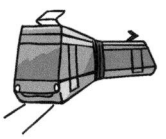

ټرام

dian che

واګون

huo che

چورلکه

zhi sheng ji

هوايي ډګر

ji chang

برج

ta

مسافر

cheng ke

کانټينر

ji zhuang xiang

کارتون

zhi ban xiang

کارټ

shou tui che

ټوکرۍ

lan zi

الوتنه کول/کښېناستل

qi fei/jiang luo

ښار

cheng shi

کلی

cun zhuang

د ښار مرکز

shi zhong xin

کور

fang zi

سینما
dian ying yuan

اعلان
guang gao

د کوڅې لامپ
lu deng

CINEMA

کوڅه
jie dao

ټیکسي
chu zu che

د خوارو پلورنځی
xiao chi dian

پیاده
xing ren

پلي لاره
ren xing dao

د تیریدو لاره
shi zi lu kou

د سرک څخه تیریدو لاره
ban ma xian

د ترافیک څراغونه
hong lü deng

اشغالدانی (لوی)
la ji xiang

کودله
xiao wu

اپارتمان
gong yu

د ریل ستیشن
huo che zhan

ټاون هال
shi zheng ting

میوزیم
bo wu guan

ښوونځی
xue xiao

پوهنتون

da xue

بانک

yin hang

روغتون

yi yuan

هوټل

jiu dian

درملتون

yao fang

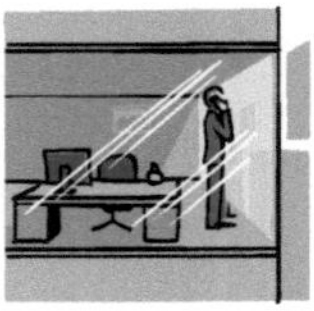

دفتر

ban gong shi

کتاب پلورنځی

shu dian

پلورنځی

shang dian

د ګلانو پلورنځی

hua dian

لوی پلورنځی

chao shi

مارکيټ

shi chang

د ډيپارټمنټ سټور

bai huo shang dian

کب پلورنځی

yu dian

د پلور مرکز

gou wu zhong xin

لنګرتون

hai gang

پارک
....
gong yuan

بينچ
....
chang deng

پل
....
qiao

زينه
....
lou ti

د ځمکې لاندې
....
di tie

تونل
....
sui dao

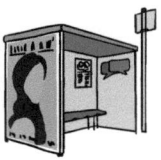

بس تمځای
....
gong jiao che zhan

بار
....
jiu ba

ريستورانټ
....
can guan

پوست بکس
....
you tong

د کوڅې نښه
....
lu biao

د پارک کولو ميټر
....
ting che ji shi qi

ژوبڼ
....
dong wu yuan

د لامبو حوض
....
you yong guan

مسجد
....
qing zhen si

کرونده

nong chang

ناپاکي

wu ran

هدیره

mu di

چرچ

jiao tang

د لوبو ډګر

cao chang

معبد/کلیسا

si miao

منظره

di xing

پاڼه shu ye

د لارښوونی نښه zhi shi pai

لاره lu

چمن cao di

کانی shi tou

ونه shu

هیکر tu bu lü xing zhe

سیند he

واښه cao

ګل hua

دره

xia gu

غوندی

shan

ناور

hu

ځنګل

sen lin

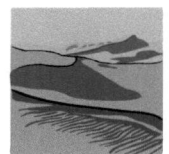

دشته

sha mo

اورشیندی

huo shan

کلا

cheng bao

رنګین کمان

cai hong

مرخیړي

mo gu

پلم ونه

zong lü shu

ماشي

wen zi

الوتل

cang ying

میږی

ma yi

مچی

mi feng

غونډله/جولا

zhi zhu

کونګټ
....
jia chong

چونګښه
....
qing wa

نولی
....
song shu

زیږکی
....
ci wei

سوی
....
ye tu

کونګ
....
mao tou ying

مرغۍ
....
niao

قازه
....
tian e

نرخوګ
....
ye zhu

هوسۍ
....
lu

ګاوزه
....
mi lu

بند
....
shui ba

بادي توربين
....
feng li fa dian ji

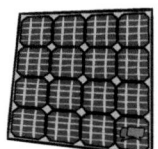

سولر تختي
....
tai yang neng dian chi ban

اقليم
....
qi hou

ریسټورانټ

can guan

پېشخدمت
fu wu yuan
مينو
cai dan
yi zi
سوپ
tang
پيزا
pi sa bing
د ميز ټوټه
zhuo bu
ښاخۍ، چاقو، کاشوغه

سټارټر

qian cai

اصلي خواړه

zhu cai

شيرني

tian dian

څښاک

yin liao

خواړه

shi wu

بوتل

ping zi

فاسټ فوډ

kuai can

د کوڅې خواړه

jie bian xiao chi

چای جوش

cha hu

قندانی

tang he

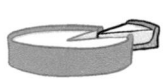

برخه

yi fen fan cai

اسپرسو مشین

yi shi ka fei ji

لوړه چوکی

gao jiao yi

رسید

zhang dan

مجمه

tuo pan

چاکو

dao

پنجه

can cha

قاشق

shao zi

چای قاشق

cha chi

سورویت

can jin

ګلاس

bo li bei

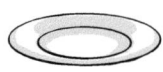

پلیټ

die zi

د سوپ پلیټ

tang pan

نالبکی

die zi

ساس

jiang

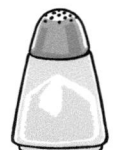

مالګه شیندونکی

yan ping

د مرچ ټکولو لوخی

hu jiao mo

سرکه

cu

غوړي

shi yong you

مساله

tiao wei liao

کچ اپ

fan qie jiang

شرشم

jie mo

چکه

dan huang jiang

لوی پلورنځی

chao shi

te jia
gu ke
لبنیات
ru zhi pin
FOR
میوه
shui guo
gou wu che

قصابي

rou pu

نانوایی

mian bao fang

وزن کول

cheng zhong

سبزیجات

shu cai

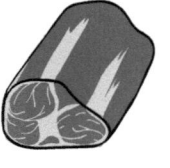

غوښه

rou

کنګل خواره

leng dong shi pin

يخه غوښه
....
leng pan

كنسروا خواړه
....
guan tou shi pin

د مينځلو پودر
....
xi yi fen

شيريني
....
tian shi

كورني توليدات
....
ri yong pin

د پاكولو محصولات
....
qing jie yong pin

د پلور فرد
....
xiao shou yuan

د نغدي راجستر
....
shou yin ji

صراف
....
shou yin yuan

د پيرود ليست
....
gou wu qing dan

كاري ساعتونه
....
kai fang shi jian

بټوه
....
qian bao

كريډيټ كارت
....
xin yong ka

كڅوړه
....
dai zi

پلاستيک كڅوړه
....
su liao dai

څښاک
yin liao

اوبه

shui

جوس

guo zhi

شیده

niu nai

کوک

ke le

واین

hong jiu

بیر

pi jiu

الکول

jiu

ککاو

ke ke

چای

cha

کافي

ka fei

اسپرسو

yi shi nong suo ka fei

کپچینو

ka bu qi nuo

خواړه

shi wu

کیله
....
xiang jiao

مڼه
....
ping guo

نارنج
....
cheng zi

هندواڼه
....
xi gua

لیمو
....
ning meng

گازره
....
hu luo bo

هوږه
....
da suan

بانکس
....
zhu zi

پیاز
....
yang cong

مرخیړي
....
mo gu

چغزی
....
jian guo

آش
....
mian tiao

سپیګېټي

yi da li mian tiao

وريجي

mi fan

سلاد

sha la

چپس

shu tiao

سره کړي کچالو

zha tu dou

پيزا

pi sa bing

همبرګر

han bao bao

ساندويچ

san ming zhi

کتره

zha zhu pai

د پتون غوښه

huo tui

سلمي

sa la mi

ساسج

xiang chang

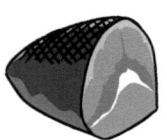

چرګ

ji rou

روسټ

kao rou

کب

yu

د وربشي شيرني

....

yan mai pian

موسلي

....

mu zi li

د جوار پلی

....

yu mi pian

اوړه

....

mian fen

کروسانت

....

yang jiao mian bao

د ډوډۍ رول

....

mian bao juan

ډوډۍ

....

mian bao

ټوسټ

....

kao mian bao

بسکیټ

....

bing gan

کوچ

....

huang you

چکه

....

ning ru

کیک

....

dan gao

هګۍ

....

dan

پښې هګۍ

....

jian dan

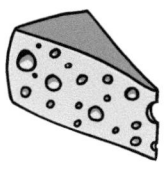

پنير

....

nai lao

آیس کریم

....

bing ji lin

بوره

....

tang

شهد

....

feng mi

مربا

....

guo jiang

نوګات کریم

....

qiao ke li jiang

کورکمان

....

ga li fan

کرونده

nong chang

غوجل
liang cang
dao cao kun
tian ye
اس
ma
tuo che
tuo la ji
کوچنی اس
ma ju
خر
lü
yang
وری
gao yang

وزه

shan yang

غوا

nai niu

خوسکی

niu du

خوګ

zhu

د خوګ بچی

xiao zhu

غویی

gong niu

بته
....
e

هیلی
....
ya

چرګوری
....
xiao ji

چرګه
....
mu ji

بانګي
....
gong ji

سارای موږک
....
shu

پیشک
....
mao

موږک
....
lao shu

غویی
....
niu

سپی
....
gou

د سپي خونه
....
gou wu

د باغ هوز
....
hua yuan jiao shui ruan guan

د اوبو لوخی
....
sa shui hu

لور (داس)
....
chang bing da lian dao

یوی
....
li

لور

lian dao

رمبی

chu tou

بښاخی

chang bing cao pa

تبر

fu tou

کراچۍ

du lun shou tui che

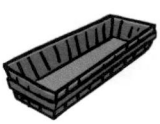

ناوه

si liao cao

د شیدو لوخی

niu nai guan

جوال

ma bu dai

کټاره

zha lan

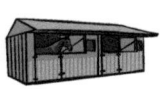

مضبوط

ma jiu

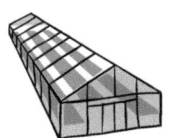

شنه خونه

wen shi

خاوره

tu rang

تخم

zhong zi

سره/کود

fei liao

ګډ ریبونکی ماشین

lian he shou ge ji

زیرمه کول

shou ge

درمند

shou ge

خواږه کچالو

shan yao

غنم

xiao mai

سویا

da dou

کچالو

tu dou

جوار

yu mi

نباتي تخم

you cai zi

د میوې ونه

guo shu

مانیوک

shu shu

غله

gu wu

کور
fang zi

yan cong
بام
wu ding
ناودان
luo shui guan
chuang hu
che ku
د دروازې زنګ
men ling
دروازه
men
اشغالدانۍ
la ji tong
د لیک بکس
xin xiang
باغ
hua yuan

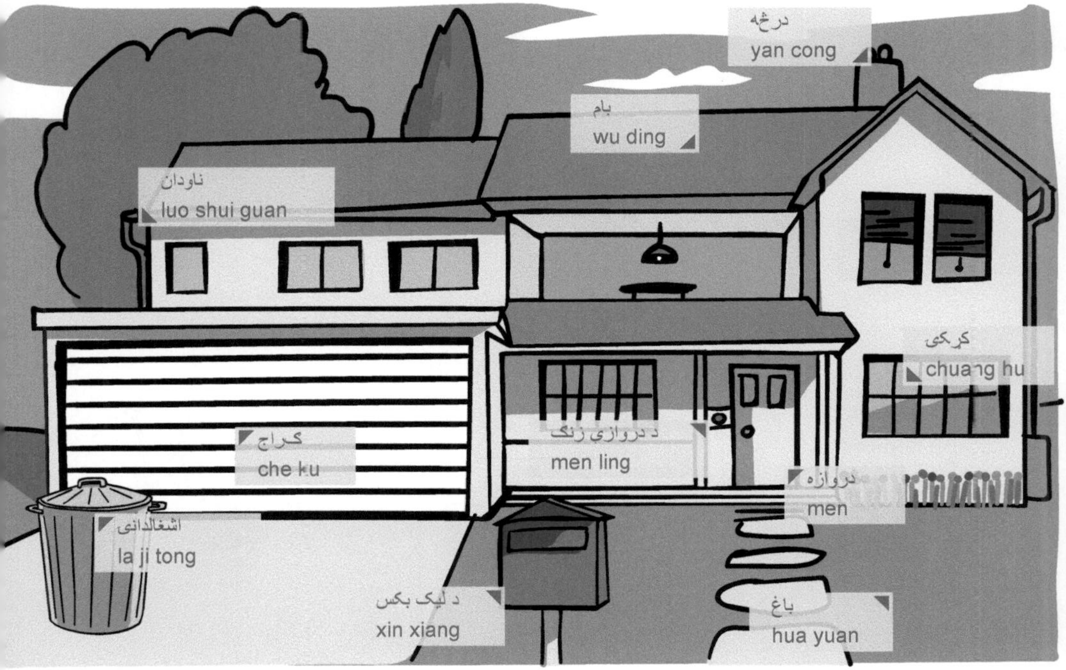

د اوسیدو خونه
ke ting

حمام
yu shi

پخلنځی
chu fang

د ویده کیدو خونه
wo shi

د ماشوم خونه
er tong fang

د خوارو خونه
can ting

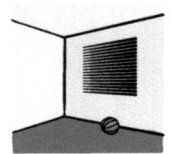

فرش

di ban

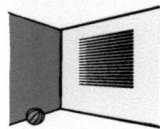

ديوال

qiang bi

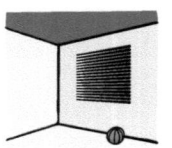

چت

diao ding

زيرخانه

di jiao

سونا

sang na

بالكوني

yang tai

تېراس

lu tai

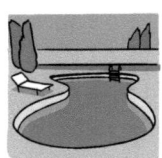

حوض

you yong chi

د چمن وهلو ماشين

ge cao ji

شيټ

bei dan

روجايی

chuang zhao

تخت

chuang

جارو

sao zhou

بوکه

shui tong

سويچ

kai guan

د اوسیدو خونه

ke ting

والپیپر
bi zhi
عکس
zhao pian
لامپ
tai deng
شیلف
ge jia
الماری
chu gui
تلویزیون
dian shi ji
نغری
bi lu
hua
dian zi
صوفه
sha fa
hua ping
yao kong qi

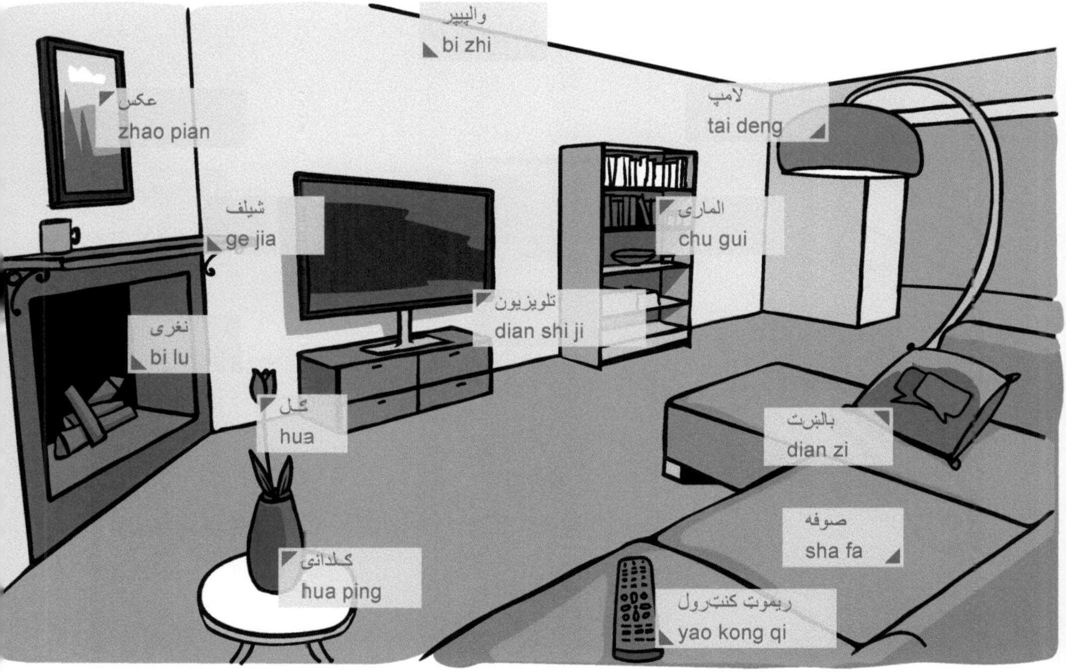

غالی

di tan

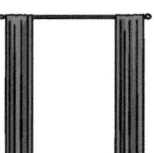

پرده

chuang lian

میز

can zhuo

چوکۍ

yi zi

تاویدونکي چوکۍ

yao yi

بازو لرونکی چوکۍ

fu shou yi

کتاب

shu

کمپل

tan zi

ډيکوريشن

zhuang shi pin

د اور لرګـي

mu chai

فلم

dian ying

هايـفاى

gao bao zhen yin xiang

کلي

yao shi

ورځپاڼه

bao zhi

نقاشي

you hua

پوسټر

hai bao

راډيو

shou yin ji

کتابچه

bi ji ben

واکيوم جارو

xi chen qi

کاکتوس

xian ren zhang

شمع

la zhu

پخلنځی

chu fang

فریج
bing xiang
مایکرو ویو اون
wei bo lu
kao mian bao ji
مینځونکی
xi jie jing
یخچال
bing gui
kao xiang
اشغالدانی
la ji tong
د لوخو مینځونکی
xi wan ji

دیگ بخار

chui ju

لوخی

guo

چدني لوخی

zhu tie guo

ووک

sha guo

د تلي په

ping di guo

چای جوش

shui hu

د بخار دیګ

zheng guo

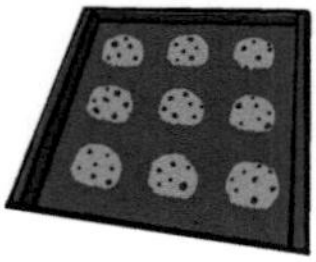

پتنوس

kao pan

لوخي

tao ci guo

مګ

ma ke bei

کاسه

wan

د رانیولو اوزار

kuai zi

ځمڅۍ

chang bing shao

کفګیر

chan zi

پاکونکی

jiao ban qi

صافي

lü wang

غلبیل

shai zi

ګریټر

mo sui ji

اونګ

yan bo

بار بي کيو

shao kao

خلاص اور

ming huo

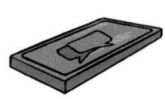

تخته
....
cai ban

هوارونکی
....
gan mian zhang

کارک سکریو
....
kai ping qi

ټیم
....
guan zi

د ټیم خلاصونکی
....
kai ping qi

د لوخي ټوټه
....
ge re shou tao

ظرف شوی
....
shui cao

برس
....
shua zi

سپنج
....
hai mian

بلینډر
....
jiao ban ji

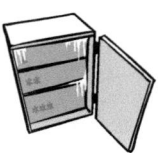

ژور یخچال
....
leng cang xiang

د ماشوم بوتل
....
nai ping

نل
....
shui long tou

حمام

yu shi

تودول
gong nuan she bei
جان پاک
mao jin
شاور
د شاور پرده
yu lian
ببل حمام
pao mo yu
د حمام ټب
yu gang
bo li bei
د مینځلو مشین
xi yi ji
نل
shui long tou
ټايلونه
ci zhuan
يو ډول کمود
bian hu
ظرف شوی
shui cao

تشناب

ce suo

فرشي كمود

dun bian qi

كمود

zuo yu qi

د متيازو ځای

xiao bian chi

تشناب كاغذ

ce zhi

د تشناب برس

ma tong shua

د غاښونو برس
ya shua

د غاښونو کریم
ya gao

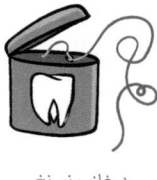

د غاښونو نخ
ya xian

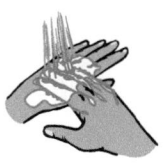

مینځل
xi

لاسي شاور
shou chi shi pen lin tou

دوش
chong xi qi

خانک
xi lian pen

د شا برس
ca bei shua

صابون
fei zao

د شاور ژل
mu yu lu

شامپو
xi fa shui

فلانل جامه
fa lan rong

وچول
pai shui

کریم
ru shuang

سپری
chu chou ji

آینه

jing zi

لاسي آینه

shou jing

ریزر

ti xu dao

د خریلو فوم

ti xu pao mo

د خریلو وروسته

xu hou shui

ګمنځ

shu zi

برس

shua zi

د ویښتانو وچونکی

chui feng ji

د ویښتانو سپری

pen fa ding xing ji

میک اپ

hua zhuang pin

لیپ سټیک

chun gao

د نوکانو پالش

zhi jia you

کاټن وری

hua zhuang mian

ناخن ګیر

zhi jia jian

عطر

xiang shui

د مینځلو کڅوړه

....

xi shu bao

سټول

....

deng zi

د وزن کولو تله

....

ji zhong cheng

د حمام پوښاک

....

yu pao

د ربړ دستکش

....

xiang jiao shou tao

ټامپون

....

wei sheng mian tiao

صحیي جان پاک

....

wei sheng jin

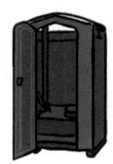

کیمیکل تشناب

....

hua xue ce suo

د ماشوم خونه
er tong fang

د الارم ساعت
nao zhong
د لوبو وسایل
mao rong wan ju
wan ju che
wan ju wu
li wu
bo lang gu

بالون
....
qi qiu

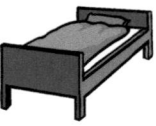

تخت
....
chuang

کالسکه
....
(yang wa wa yong)ying er che

د لوبو ورقې
....
pu ke pai

جیګسا
....
pin tu

مسخره
....
man hua

لیګو بریک

le gao ji mu

د نانځکو بلاک

ji mu wan ju

د اکشن فیګور

wan ju ren

د ماشوم پوښاک

ying er fu

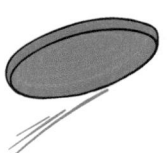

فریزبي

fei pan

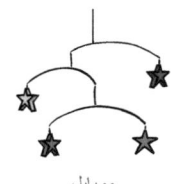

موبایل

chuang ling wan ju

بورډ لوبه

qi pan you xi

تاس

shai zi

ماډل ریل سیټ

huo che mo xing

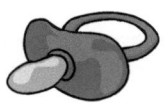

ګونګشی

an fu nai zui

پارټي

ju hui

د عکسونو البوم

hui ben

بال

qiu

نانځکه

yang wa wa

لوبیدل

wan

د شګو کنده

sha keng

سوینګ

qiu qian

نانځکي

wan ju

د ویډیو لوبو کنسول

you xi ji

ټرای سایکل

san lun che

ګوډکه

tai di xiong

د کالو الماری

yi chu

پوښاک

yi fu

جرابي

wa zi

لوړي جرابي

chang wa

ټایټس

jin shen ku

زروکی
wei jin

چتری
yu san

تي شرت
T xu

کمربند
pi dai

بوتان
xue zi

سلپر
tuo xie

سنیکر
yun dong xie

سیندل
liang xie

بوتان
xie

د ربر بوتان
yu xue

زیرنیکري
nei ku

سینه بند
xiong zhao

واسکټ
bei xin

بادي

shen ti

پتلون

ku zi

جينز

niu zai ku

لمن

duan qun

بلاوز

nü shi chen shan

شرټ

chen shan

بنيان

tao tou shan

سويټر

wei yi

بليزر

xi zhuang jia ke

جاکټ

jia ke

کوټ

wai tao

د باران کوټ

yu yi

پوښاک

tao zhuang

کالي

lian yi qun

د واده پوښاک

hun sha

دريشي

xi zhuang

د شپې پوښاک

shui pao

پاجامه

shui yi

ساړي

sha li

لوپټه

tou jin

پټکی

bao tou jin

برقه

bo ka

کفتن

ka fu tan

عبا

(a la bo shi)chang pao

د لامبو پوښاک

yong yi

نیکر

nan shi yong ku

شارټ

duan ku

د ځغاستې پوښاک

yun dong fu

پیش بند

wei qun

دستکش

shou tao

بټڼ

niu kou

عینک

yan jing

لاس بند

shou lian

غاړه کی

xiang lian

ګوتمه

jie zhi

غوږوالی

er huan

خولی

bian mao

کوټ بند

yi jia

خولی

mao zi

ټایی

ling dai

ځنځیر

la lian

هیلمیټ

tou kui

ترونکی

bei dai

د ښوونځي یونیفارم

xiao fu

یونیفارم

zhi fu

بيب
wei dou

ګـونګـشی
an fu nai zui

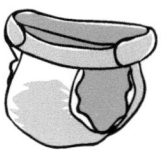

نيپي
niao bu shi

دفتر

ban gong shi

سرور
fu wu qi
د دوسیه الماری
wen jian gui
پرینټر
da yin ji
ورق
zhi
مانیټور
xian shi ping
ماوس
shu biao
فولډر
wen jian jia
کي بورډ
jian pan
اشغالدانی
fei zhi kuang
کمپیوټر
dian nao
چوکی
yi zi

د کافي پیاله
ka fei bei

کالکولیټر
ji suan qi

انټرنیټ
yin te wang

لپ تاپ

bi ji ben dian nao

لیک

xin jian

پیغام

xiao xi

موبایل

shou ji

نیتورک

wang luo

فوتوکاپیر

fu yin ji

سافتویر

ruan jian

تلیفون

dian hua

پلک ساکت

cha zuo

فکس مشین

chuan zhen ji

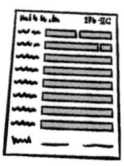

فارم

biao ge

سند

wen jian

پيرل
....
mai

تاديه کول
....
fu qian

سوداګري کول
....
jiao yi

پيسي
....
xian jin

ډالر
....
mei yuan

يورو
....
ou yuan

ين
....
ri yuan

ربل
....
lu bu

سويسي فرانک
....
rui shi fa lang

رينمينبي يوان
....
ren min bi

روپۍ
....
lu bi

د نغدي پيسو ځای
....
ti kuan chu

د اسعارو د تبادلي دفتر

wai bi dui huan chu

سره زر

jin

سپين زر

yin

تيل

shi you

انرژي

neng yuan

نرخ

jia ge

قرارداد

he tong

ماليه

shui jin

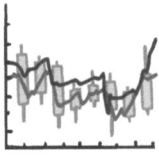

اسهام

gu piao

کار کول

gong zuo

کارمند

zhi yuan

کار گومارونکی

lao ban

فابريکه

gong chang

پلورنځی

shang dian

مسلکونه

zhi ye

د پولیسو افسر
jing guan
د اطفایه غړی
xiao fang yuan
آشپز
chu shi
ډاکټر
yi sheng
پیلوټ
fei xing yuan

باغوان

....

yuan ding

نجار

....

mu jiang

خیاط

....

cai feng

قاضي

....

fa guan

کیمیا پوه

....

hua xue jia

د فلم لوبغاړی

....

yan yuan

د بس ډرايور

....

gong jiao che si ji

د ټيکسي ډرايور

....

chu zu che si ji

کب نيونکی

....

yu fu

خدمه

....

qing jie nü gong

بام جوړونکی

....

wu ding gong

پيشخدمت

....

fu wu yuan

ښکاري

....

lie ren

نقاش

....

hua jia

نانوا

....

mian bao shi

د برېښنا کارکونکی

....

dian gong

تعمير جوړونکی

....

jian zhu gong ren

انجنير

....

gong cheng shi

قصاب

....

tu fu

نلدوان

....

shui guan gong

پوست رسونکی

....

you di yuan

سرتیری

....

shi bing

مهندس

....

jian zhu shi

صراف

....

shou yin yuan

مالیار

....

hua nong

نایی

....

li fa shi

کلینډر

....

shou piao yuan

میکانیک

....

ji xie shi

کپتان

....

chuan zhang

د غاښونو ډاکټر

....

ya yi

ساینس پوه

....

ke xue jia

ښاغلی

....

la bi

امام

....

yi ma mu

مذهبي نفر

....

he shang

پادري

....

mu shi

لوازم
gong ju

tie chui
پلاس
qian zi
پیچکش
luo si dao
رینچ
ban shou
څراغ
shou dian tong

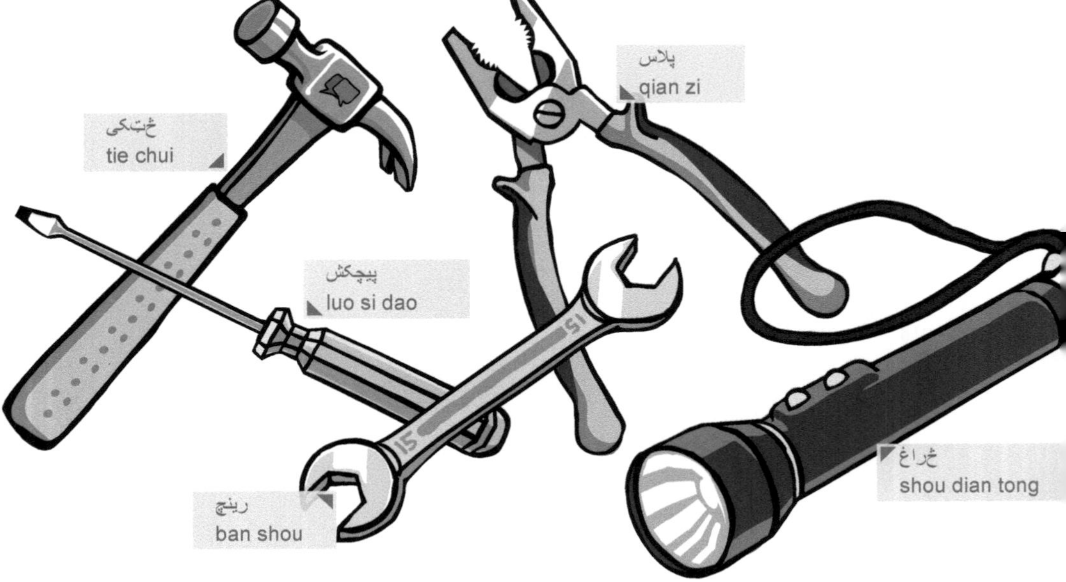

کنستونکی

wa jue ji

د لوازمو بکس

gong ju xiang

زینه

ti zi

اره

ju zi

میخونه

ding zi

برمه

zuan ji

ترمیم کول

xiu

بیل

chan zi

لعنت!

kao!

خاک انداز

bo ji

مشوانۍ

you qi tong

پیچونه

luo si

د میوزیک آلات

yue qi

درم سیت
da ji yue qi

لاود سپیکر
yang sheng qi

کنترباس
di yin ti qin

نترومپیت
xiao hao

گیتار
ji ta

پیانو

gang qin

وایلن

xiao ti qin

باس

bei si

نغاره

ding yin gu

ډرمونه

gu

کي بورډ

dian zi qin

سیکسافون

sa ke si guan

شپیلۍ

chang di

مایکروفون

mai ke feng

dong wu yuan

lao hu
پنجره
long zi
ګوره خر
ban ma
د ژويو خواره
dong wu si liao
xiong mao
ru kou

ژوی

dong wu

هاتي

da xiang

کنګرو

dai shu

د اوبو اسپ

xi niu

ګوريلا

da xing xing

ايږه

xiong

اوښ

luo tuo

شترمرغ

tuo niao

زمری

shi zi

بیزو

hou zi

غزی

huo lie niao

طوطي

ying wu

قطبي ايږه

bei ji xiong

پینګوین

qi e

شارک

sha yu

طاوس

kong que

مار

she

تمساح

e yu

ژوبڼ ساتونکی

dong wu yuan guan li yuan

سیل

hai bao

جګوار

mei zhou bao

یابو

ai zhong ma

پرانګ

bao

هیپو

he ma

زرافه

chang jing lu

باز

lao ying

نرخوګ

ye zhu

کب

yu

شمشتی

gui

سمندري نولی

hai xiang

ګیدړه

hu li

هوسۍ

ling yang

ورزش

ti yu

امریکایی فټبال
gan lan qiu
سایکل ځغلول
qi zi xing che
wang qiu
باسکیټبال
lan qiu
لامبو
you yong
د کنګل هاکي
bing qiu
باکسینګ
quan ji

فټبال

ying shi zu qiu

کسیزه

yu mao qiu

د ځغاستي لوبي

tian jing

د هندبال

shou qiu

سکي

hua xue

پولو

ma qiu

فعاليتونه

huo dong

ټوپ وهل
tiao
غاړه ورکول
yong bao
خندل
xiao
zou lu
سندرې ويل
chang
خوب ليدل
zuo meng
عبادت کول
qi dao
مچو کول
qin wen

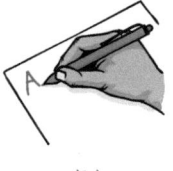

ليکل

shu xie

کښل

hua

ښودل

zhan shi

ټيله کول

tui

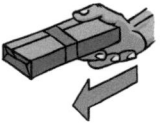

ورکول

gei

اخيستل

na

درلودل

you

کول

zuo

پاییدل

dang

ودریدل

zhan

منډې وهل

pao

راکښل

la

گوزارل

reng

لویدل

shuai dao

څملاستل

tang

انتظار کول

deng dai

وړل

xie dai

کښیناستل

zuo

پوښاک اغوستل

chuan yi

ویده کیدل

shui jiao

پاڅیدل

xing lai

کتل

kan

ژړل

ku

برید کول

fu mo

ګمنځ کول

shu tou

خبري کول

jiao tan

پوهیدل

ming bai

غوښتل

wen

اوریدل

ting

څښل

he

خوړل

chi

پاکول

qing li

مینه کول

ai

پخلی کول

zuo fan

موټر چلول

kai che

الوتل

fei

بیړۍ چلول

hang xing

حساب

ji suan

لوستل

du

زده کول

xue xi

کار کول

gong zuo

واده کول

jie hun

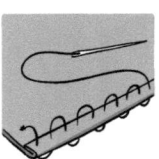

ګنډل

feng

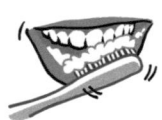

د غاښونو برس کول

shua ya

وژل

sha

سګرټ څښل

chou yan

لیږل

ji

نیا
zu mu

نیکه
zu fu

پلار
fu qin

مور
mu qin

ماشوم
ying tong

لور
nü er

زوی
er zi

میلمه
....
ke ren

ترور
....
a yi

کاکا/ماما
....
shu shu

ورور
....
xiong di

خور
....
jie mei

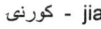

بدن

shen ti

تندی
qian e
yan jing
jian bang
shou zhi
مخ
lian
زنه
xia ba
لاس
shou
سینه
ru fang
tui
shou bi

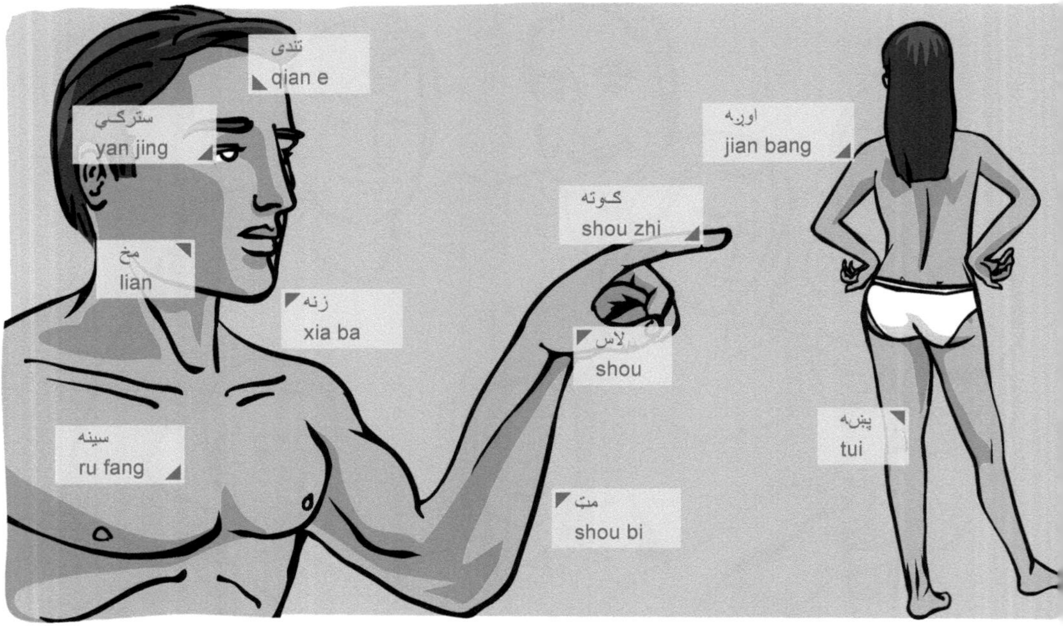

ماشوم

ying tong

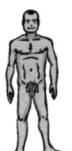

سړی

nan ren

ښځه

nü ren

انجلۍ

nü hai

هلک

nan hai

سر

tou

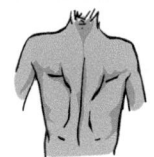

شا

bei bu

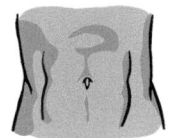

خیټه

du zi

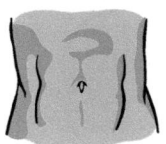

نوم

du qi

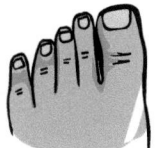

د پښې ګوته

jiao zhi

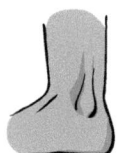

پونده

jiao hou gen

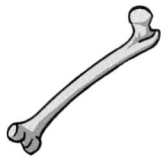

هډوکی

gu tou

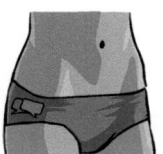

کوناټی

tun bu

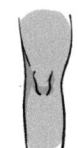

زنګون

xi gai

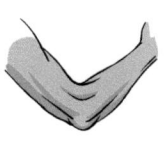

څنګل

shou zhou

پوزه

bi zi

لاندې برخه

pi gu

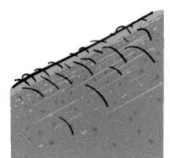

پوټکی

pi fu

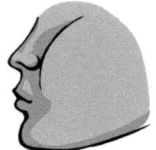

غومبوری

lian jia

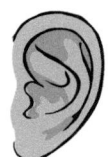

غوږ

er duo

شونډه

zui chun

خوله

zui

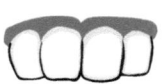

غاښ

ya chi

ژبه

she tou

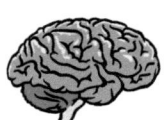

مغز

nao

زړه

xin zang

عضله

ji rou

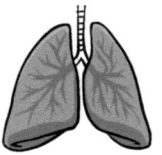

سږی

fei

ځیګر

gan zang

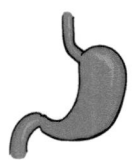

معده

wei

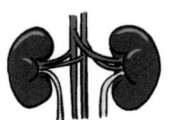

پښتورګي

shen zang

جنسي نږدې والی

xing jiao

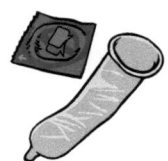

کانډوم

bi yun tao

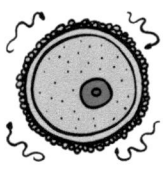

تخمه

luan zi

مني

jing zi

حمل

huai yun

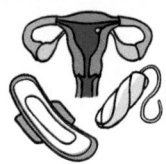

حيض

yue jing

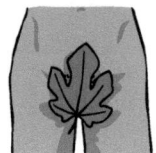

مهبل

yin dao

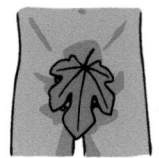

د نارينه تناسلي آله

yin jing

وروځی

mei mao

ويښته

tou fa

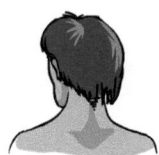

غاړه

bo zi

روغتون

yi yuan

امبولانس
jiu hu che
ويل چير
lun yi
كسر
gu zhe

داکتر

yi sheng

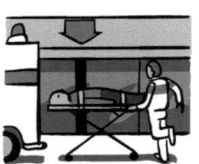

عاجل خونه

ji zhen shi

رنځورپال

hu shi

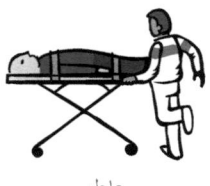

عاجل

jin ji qing kuang

بې هوش

hun mi

درد

tong

ټپ

shou shang

وینه تویدل

chu xue

د زړه حمله

xin zang bing fa zuo

ضرب

zhong feng

حساسیت

guo min

ټوخی

ke sou

تبه

fa shao

انفلوینزا

liu gan

نس ناستی

fu xie

سر درد

tou tong

سرطان

ai zheng

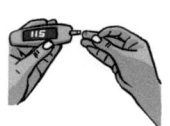

شکر

tang niao bing

جراح

wai ke yi sheng

سکالپل

shou shu dao

عملیات

shou shu

سی‌تی‌اسکن

CT

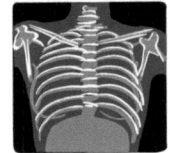

ایکس ری

X guang

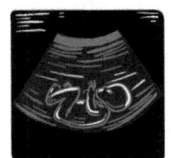

التراساوند

chao sheng bo

د مخ ماسک

kou zhao

ناروغي

ji bing

انتظار خونه

hou zhen shi

آسما

guai zhang

پلستر

shi gao

بنداژ

beng dai

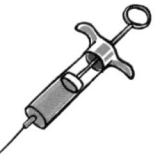

تزریق

zhu she

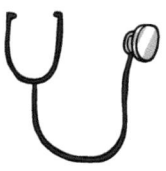

ستاتسکوپ

ting zhen qi

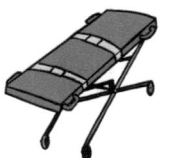

تسکیره

dan jia

کلینیکي ترمامیټر

ti wen ji

زیږون

chu sheng

زیات وزن

chao zhong

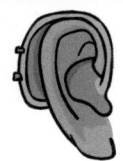

د اوریدو مرسته

zhu ting qi

د عفونيت ځخه پاکونکي مواد

xiao du ye

عفونيت

gan ran

ويروس

bing du

ايچ.آی.وی/ايدز

ai zi bing

درمل

yao wu

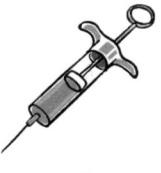

واكسين

jie zhong yi miao

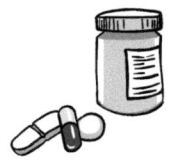

ټابليټس

yao pian

ګولۍ

yao wan

عاجل تليفون

ji jiu dian hua

د ويني د فشار څارونکی

xue ya ji

ناروغ/روغ

sheng bing/jian kang

عاجل

jin ji qing kuang

مرسته!

jiu ming!

الارم

jing bao

یرغل

tu ji

برید

gong ji

خطر

wei xian

عاجل لاره

jin ji chu kou

اور!

zhao huo la!

د اور وژونکی

mie huo qi

پېښه

yi wai

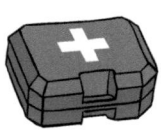

د لومړی مرستي لوازم

ji jiu xiang

ایس.او.ایس

hu jiu xin hao

پولیس

jing cha

ځمکه
di qiu

اروپا
....
ou zhou

شمالي امریکا
....
bei mei zhou

سهیلي امریکا
....
nan mei zhou

افریقا
....
fei zhou

آسیا
....
ya zhou

آسټریلیا
....
ao zhou

اتلانتیک
....
da xi yang

پاسیفیک
....
tai ping yang

د هند بحر
....
yin du yang

جنوبي منجمد بحر
....
nan bing yang

د شمال قطب بحر
....
bei bing yang

شمالي قطب
....
bei ji

سهيلي قطب

nan ji

انټارکټيکا

nan ji zhou

ځمکه

di qiu

ځمکه

lu di

بحر

hai

ټاپو

dao

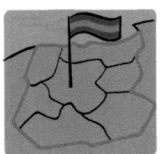

ملت

guo jia

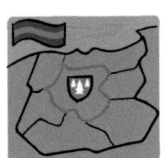

دولت

guo jia

ساعت

zhong biao

د مخي ساعت

zhong mian

د ساعت ستنه

shi zhen

د دقيقي ستنه

fen zhen

د ثانيی ستنه

miao zhen

څه وخت دی؟

xian zai ji dian?

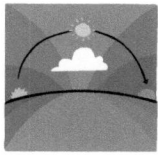

ورځ

tian

وخت

shi jian

اوس

xian zai

ډیجیټل ساعت

dian zi biao

دقيقه

fen

ساعت

shi

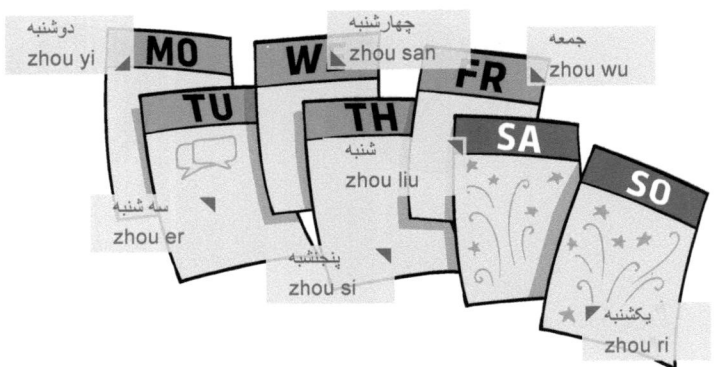

zhou

دوشنبه
zhou yi
سه شنبه
zhou er
W
چهارشنبه
zhou san
پنجشنبه
zhou si
جمعه
zhou wu
SA
شنبه
zhou liu
یکشنبه
zhou ri

پرون
zuo tian

نن
jin tian

سبا
ming tian

سهار
zao chen

غرمه
zhong wu

ماښام
wan shang

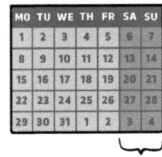

کاري ورځې
gong zuo ri

د اونۍ پای
zhou mo

کال

nian

باران
yu
رنګین کمان
cai hong
باد
feng
واوره
xue
پسرلی
chun
xia
منی
qiu
ژمی
dong

د موسم وړاندوینه
....
tian qi yu bao

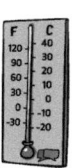

F
C

ترمومیټر
....
wen du ji

د لمر وړانګې
....
yang guang

وریځ
....
yun

لړه
....
wu

رطوبت
....
chao shi

رڼا

....

shan dian

تندر

....

da lei

توفان

....

feng bao

ږلی وریدل

....

bing bao

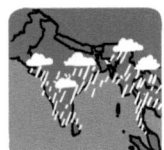

مون سون باران

....

ji feng

سیلاب

....

hong shui

یخ

....

bing

جنوري

....

yi yue

فبروري

....

er yue

مارچ

....

san yue

اپریل

....

si yue

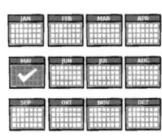

می

....

wu yue

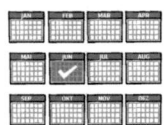

جون

....

liu yue

جولای

....

qi yue

اګست

....

ba yue

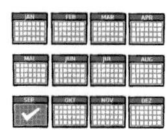

سپتمبر
....
jiu yue

اكتوبر
....
shi yue

نومبر
....
shi yi yue

دسمبر
....
shi er yue

شكلونه

xing zhuang

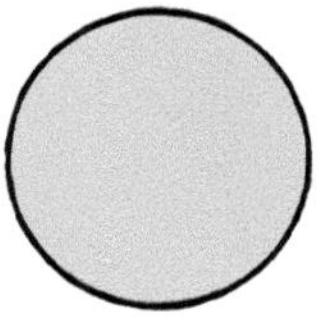

دايره
....
yuan xing

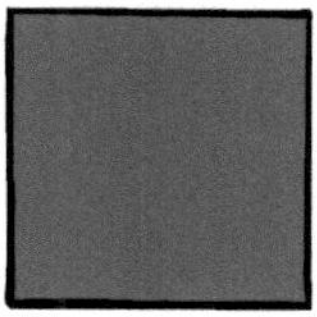

مربع
....
zheng fang xing

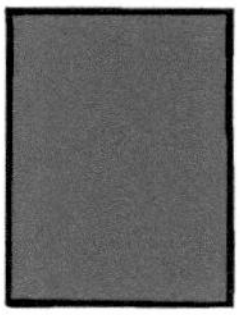

مستطيل
....
chang fang xing

مثلث
....
san jiao xing

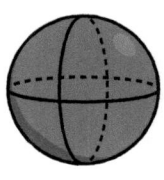

توپ
....
qiu ti

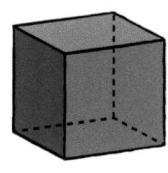

فال
....
li fang ti

رنګونه

yan se

سپین

bai

ژیړ

huang

نارنجي

cheng

ګلابي

fen

سور

hong

ارغواني

zi

نیلي

lan

شین

lü

نسواري

zong

خړ

hui

تور

hei

متضاد
fan yi ci

خورا ډیر/خورا لږ

hen duo/shao xu

قار/ارام

sheng qi/ping jing

ښکلی/بدشکله

mei/chou

پیل/پای

shou/wei

لوی/کوچنی

da/xiao

روښانه/تیاره

ming/an

ورور/خور

xiong di/jie mei

پاک/ککړ

gan jing/ang zang

مکمل/نامکمل

wan zheng/que shi

ورځ/شپه

bai tian/wan shang

مړ/ژوندی

si/sheng

پراخه/نری

kuan/zhai

د خوراک وړ/نه خوړل کیدونکی

ke shi yong/fei shi yong

بد/مهربان

xie e/shan liang

پاریدلی/بې خونده

xing fen/wu liao

چاق/وچ

pang/shou

لومړی/وروستی

di yi/zui hou

ملګری/دښمن

peng you/di ren

ډک/تش

man/kong

سخت/نرم

ying/ruan

دروند/سپک

zhong/qing

لوږه/تنده

e/ke

ناروغ/روغ

sheng bing/jian kang

غیرقانوني/قانوني

fei fa/he fa

هوښیار/ساده

cong ming/yu ben

کیڼ/ښي

zuo/you

نږدې/لرې

jin/yuan

نوی/زوړ

xin/jiu

هیڅ/یو څه

mei you/you xie

بډا/ځوان

lao/you

چالان/بند

kai/guan

خلاص/تړلی

da kai/he shang

غلی/لوړ غږ

an jing/chao nao

بډایه/غریب

fu/qiong

صحید/غلط

dui/cuo

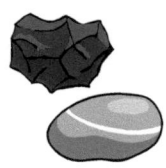

زیږ/ملایم

cu cao/guang hua

خفه/خوښ

shang xin/gao xing

لنډ/اوږد

duan/chang

سست/ګړندی

man/kuai

لوند/وچ

shi/gan

ګرم/یخ

wen nuan/liang shuang

جګړه/سوله

zhan zheng/he ping

شمیرې

shu zi

0	1	2
صفر	یو	دوه
ling	yi	er
3	4	5
دري	څلور	پنځه
san	si	wu
6	7	8
شپږ	اوه	اته
liu	qi	ba
9	10	11
نهه	لس	یولس
jiu	shi	shi yi

12

دولس

....

shi er

13

ديارلس

....

shi san

14

څوارلس

....

shi si

15

پنځلس

....

shi wu

16

شپاړس

....

shi liu

17

اوولس

....

shi qi

18

اتلس

....

shi ba

19

نولس

....

shi jiu

20

شل

....

er shi

100

سل

....

bai

1.000

زر

....

qian

1.000.000

میلیون

....

bai wan

ژبې
yu yan

انګلسي
ying yu

امريکايي انګلسي
mei shi ying yu

چينايي مندرين
pu tong hua

هندي
yin di yu

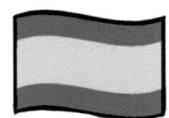

هسپانوي
xi ban ya yu

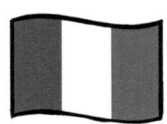

فرانسوي
fa yu

عربي
a la bo yu

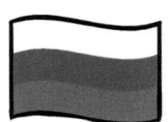

روسي
e yu

پرتګالي
pu tao ya yu

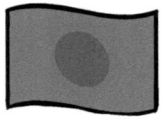

بنګالي
feng jia la yu

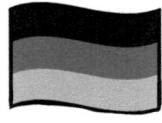

آلماني
de yu

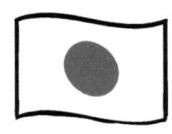

جاپاني
ri yu

shei / shen me / zen yang

زه

wo

ته

ni

هغه/دغه/دا

ta/ta/ta

موږ

wo men

تاسې

ni men

دوی/هغوی

ta men

څوک؟

shei?

څه؟

shen me?

څنګه؟

zen yang?

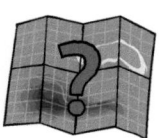

چیرې؟

na li?

کله؟

shen me shi hou?

نوم

ming zi

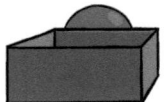

fang wei

شاته
hou mian

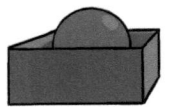

په
li mian

په مخه کي
qian mian

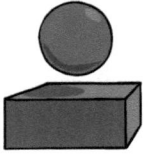

باندي
shang fang

په
shang mian

لاندي
xia mian

برسیره پر
pang bian

ترمینځ
zhong jian

ځای
di dian